KLEINE GESCHENKE AUS DER KÜCHE

Lifestyle
BUSSE SEEWALD

Gitte Heidi Rasmussen
und Inge Skovdal

Übersetzung von Frauke Watson

KLEINE GESCHENKE AUS DER KÜCHE

Lifestyle
BUSSE
SEEWALD

KLEINE GESCHENKE AUS DER KÜCHE

Originalausgabe:
GAVEN TIL MAVEN

ISBN 978-87-02-05978-6

Deutsche Ausgabe:

Übersetzung: Frauke Watson, F-Callian
Satz: L + L Fotosatz GmbH, Herford-Hiddenhausen
gedruckt und gebunden in Hong Kong
ISBN 978-3-512-03317-9
www.busse-seewald.de

Selbst gemachte Delikatessen sind stets willkommene »kleine Aufmerksamkeiten«. Und als Geschenk bringt es zum Ausdruckt, dass sich jemand Gedanken und Mühe gemacht hat. Das Schöne ist zudem, dass solche Leckereien meist wesentlich besser schmecken als deren gekaufte Gegenstücke. Dieses Büchlein ist eine Sammlung all unserer Lieblingsrezepte für leckere und dekorative Geschenke – für all die lieben Mitmenschen, die ein Dankeschön oder eine Aufmunterung verdient haben: Freunde und Kollegen, Onkels und Tanten, Handwerker, Gärtner, Babysitter oder Nachbarn...

Mit der Idee für dieses Buch im Hinterkopf haben wir Anfang letzten Jahres unsere Freunde und Bekannte zu einem Probierabend eingeladen. Sie durften sich durch ein Riesenbuffet mit Leckereien wie Schoko-Mandeln, Nougatschnitten und Sahnetrüffeln sowie eines mit herzhaften Sachen wie eingelegte Oliven, Petersilien-Pesto und Paprika-Mandeln probieren. Dazu gab es natürlich auch gute Tröpfchen wie Holunderblüten-Punsch, Ingwersaft und Himbeerlikör. Es wurde ausgiebig probiert und genossen, kommentiert und fotografiert. Die beliebtesten Rezepte fanden am Ende Eingang in dieses Buch, das von Herzen kommt und schon für sich selbst genommen ein kleines Geschenk ist.

Die Arbeit für das Buch hat einen Riesenspaß gemacht. Wir haben beim Zubereiten der Rezepte viel gelacht und geschwatzt und dabei zuweilen um ein Haar etwas anbrennen lassen. Und wir hoffen sehr, dass Ihnen dieses Buch genauso viel Freude macht wie uns. Am Ende haben Sie dabei soviel Spaß, dass Sie sich von den selbst gemachten Leckereien gar nicht trennen mögen. Das ist völlig in Ordnung, denn es ist ebenso befriedigend, stets etwas Besonderes für seine Lieben in petto zu haben.

Gitte Heidi Rasmussen und Inge Skovdal

Schmücken Sie Ihr Mitbringsel
je nach Jahreszeit mit den ersten Narzissen,
bunten Sommerblumen
oder einem Zweig voll reifer Beeren.

Brombeerkonfitüre

500 g Brombeeren
100 ml Wasser
1 El Zitronensaft
250 g Gelierzucker 2:1

Die abgetropften Beeren mit Wasser, Zitronensaft und Gelierzucker verrühren und zum Kochen bringen. Vier Minuten schwach kochen lassen, dann auf sterilisierte Gläser füllen. Abkühlen lassen und im Kühlschrank aufbewahren.

Zitruskonfitüre mit Ingwer

1 unbehandelte Orange
1 unbehandelte Zitrone
500 ml Wasser
500 g Zucker
50 g frischer Ingwer, geschält und in Scheiben

Die Zitrusfrüchte in dünne Scheiben schneiden und diese halbieren. Mit Wasser, Zucker und Ingwer zum Kochen bringen und dann unter häufigem Rühren etwa eine Stunde lang schwach kochen lassen, bis die Früchte weich sind. Den Ingwer herausnehmen und die Konfitüre auf sterilisierte Gläser füllen.
Zum alsbaldigen Verbrauch bestimmt.

Hagebutten-konfitüre

500 g Hagebutten,
gewaschen, ohne Stiel und Blüte
1 unbehandelte Zitrone, in Scheiben
100 ml frisch gepresster Zitronensaft
250 g Gelierzucker 2:1

Hagebutten gründlich waschen und mit Zitronenscheiben, Zitronensaft und mit Wasser bedeckt 15–20 Minuten weich kochen. Abkühlen lassen, mit dem Gelierzucker verrühren und vier Minuten kochen lassen, dann auf sterilisierte Gläser füllen. Abkühlen lassen und im Kühlschrank aufbewahren.

Lemon Curd

100 ml Zitronensaft
150 g Zucker
100 g Butter
4 frische Eigelbe

Die Butter mit Zitronensaft und Zucker im Wasserbad zerlassen. Dann die Hitze reduzieren, die Eigelbe nacheinander einrühren und die Mischung mit dem Schneebesen etwa 10–15 Minuten lang schlagen, bis sie eine cremige Konsistenz hat. Die Zitronencreme auf sterilisierte Gläser füllen und im Kühlschrank lagern.
Schmeckt einfach himmlisch zu frisch gebackenen Brötchen, Scones, Pfannkuchen oder auf frisch geröstetem Weißbrot.

WECK

Erdbeer-Vanille-konfitüre

500 g Erdbeeren
250 g Gelierzucker 2:1
Mark von 1 Vanillestange

Erdbeeren, Zucker, Vanillemark und Vanillestange gut vermischen und langsam zum Kochen bringen, vier Minuten leise kochen lassen. Dann auf sterilisierte Gläser füllen. Abkühlen lassen und im Kühlschrank lagern.

Selbstgemachte Nuss-Nougatcreme

100 g Zartbitterschokolade
100 g Vollmilchschokolade
125 g Honig
100 g Haselnüsse
150 ml kochendes Wasser

Schokolade und Honig im Wasserbad schmelzen. Die Haselnüsse in einer ungefetteten Pfanne rösten, dann die Haut in einem Geschirrhandtuch abrubbeln. Die Nüsse mit dem kochenden Wasser in die Schokolade einrühren und im Mixer zu einer feinen Creme verarbeiten. Auf Gläser füllen und abkühlen lassen.

Diese Nussmischung ist ein besonders edles Mitbringsel, wenn Sie sie in einer dekorativen Schale verschenken.

Nüsse in Glühweinsirup

150 g Zucker
200 ml Rotwein
50 ml Orangensaft
1 Streifen Orangenschale
1 Zimtstange
8 Gewürznelken
4 Kardamomkapseln
300 g Mandeln und Nüsse

Zucker, Rotwein, Orangensaft und Gewürze zum Kochen bringen und zu einem dünnen Sirup einkochen.
Mandeln und Nüsse in einer heißen Pfanne rösten, dann die Haut in einem Geschirrhandtuch abrubbeln. Mandeln und Nüsse in ein Glas geben, mit dem heißen Sirup übergießen und abkühlen lassen.
Schmeckt wunderbar sowohl zu Käse als auch zu süßen Desserts.

Pinienkerne in Orangensirup

500 ml Orangensaft
150 g Zucker
Schale einer unbehandelten Orange
100 g Pinienkerne

Orangensaft, Zucker und Orangenschale zum Kochen bringen und zu einem dünnen Sirup einkochen. Die Pinienkerne nach Geschmack in einer ungefetteten Pfanne goldgelb rösten, dann in den Sirup geben und nochmals aufkochen lassen.
Auf Gläser füllen.
Servieren Sie die Pinienkerne zu Kuchen, Pfannkuchen, Eis oder Camembert.

Sesam-brötchen

Ergibt 12–16 Brötchen

25 g Hefe
500 ml Wasser
100 ml Naturjoghurt
1 Tl Salz
1 Tl Zucker
200 g Weizenkörner
200–250 g Weizenmehl
Sesam nach Geschmack

Die Hefe in handwarmem Wasser verrühren, dann Joghurt, Salz, Zucker und Weizenkörner zugeben. Nach und nach das Mehl zugeben und das Ganze zu einem glatten Teig verkneten.
Den Teig an einem warmen Ort etwa 45 Minuten gehen lassen, dann nochmals durchkneten und zu 12–16 Brötchen formen.
Die Brötchen auf ein Backblech legen, mit einem feuchten Geschirrhandtuch zudecken und nochmals 45 Minuten gehen lassen.
Dann mit dem Sesam bestreuen und bei 210°C etwa 15 Minuten goldbraun backen.

Roggenbrot *Ergibt 1 großes Brot*

25 g Hefe
300 ml Wasser
400 ml Roggenschrot
1 Flasche Malz- oder Weizenbier
300 ml Naturjoghurt
1 El Salz
600 g Roggenmehl
Ca. 150 g Weizenmehl

Die Hefe in handwarmem Wasser verrühren, dann Roggenschrot zugeben und mindestens sechs Stunden, gern über Nacht, stehen lassen. Dann Bier, Joghurt, Salz, und Roggenmehl zugeben und gut verrühren. Weizenmehl nach und nach zugeben und alles zu einem festen Teig verarbeiten, der jedoch immer noch zu klebrig ist, um ihn auf dem Tisch durchzukneten. Den Teig in eine mit Backpapier ausgelegte große Kastenform (ca. 2,5 l) geben und die Oberfläche mit dem Rücken eines in Wasser getauchten Löffels glatt streichen. An einem warmen Ort etwa zwei bis drei Stunden gehen lassen. Dann bei 170°C auf der untersten Schiene etwa eineinhalb Stunden backen, aus der Form nehmen und 30 Minuten weiter backen. Das Brot in ein Geschirrhandtuch wickeln und vor dem Anschneiden einen Tag ruhen lassen. Das Brot hält sich etwa eine Woche lang frisch.

Dinkel-Walnussbrot mit Ahornsirup

Ergibt 1 großes Brot

25 g Hefe
500 ml Wasser
50 ml Olivenöl
1 El Salz
50 ml Ahornsirup
50 g gehackte Walnüsse
200 g grobes Dinkelmehl
ca. 500 g Dinkelmehl, gesiebt

Die Hefe in handwarmem Wasser verrühren, dann Olivenöl, Salz, Ahornsirup, Walnüsse und das grobe Dinkelmehl zugeben. Das gesiebte Dinkelmehl nach und nach zugeben und alles zu einem festen Teig verkneten.
Den Teig an einem warmen Ort etwa 45 Minuten gehen lassen. Dann nochmals durchkneten, zu einem Brotlaib formen und oben ein paarmal mit dem Messer tief einschneiden.
Auf ein Backblech legen, mit einem feuchten Geschirrhandtuch abdecken und nochmals etwa 45 Minuten gehen lassen, bis das Brot etwa doppelt so groß geworden ist. Dann bei 200°C etwa 30–40 Minuten backen.

Spritzkekse zum Aufhängen

300 g Mehl
Mark von 1 Vanillestange
Abgeriebene Schale von 1 unbehandelten Orange
125 g Zucker
100 g Mandeln, gehäutet und gehackt
175 g Butter
1 Ei

Mehl, Vanillemark, Orangenschale, Zucker und Mandeln gut mischen. Die Butter in Flöckchen darüber geben. Dann das Ei zugeben und alles zu einem glatten Teig verarbeiten. Mindestens 30 Minuten in den Kühlschrank stellen.
Den Teig in einen Fleischwolf (mit Sterntülle) oder in eine Spritztüte geben, je ca. 10 cm lange Teigwürste spritzen und diese zu Herzen oder Kringeln formen. Die fertigen Herzen oder Kringel auf ein mit Backpapier ausgelegtes Backblech legen und etwa acht bis zehn Minuten bei 200°C backen.
Auf einem Kuchenrost abkühlen lassen und in einer luftdicht verschließbaren Dose aufbewahren.

Muffins

Ergibt 12 Stück

3 große Eier
250 ml Zucker
1 El Vanillezucker
175 g Marzipan, gerieben
300 ml Mehl
1 Tl Backpulver
125 g Butter, zerlassen
100 g Nougat
1 Apfel
Zimt und Zucker

Das Ei mit dem Zucker und dem Vanillezucker schaumig schlagen. Das Marzipan unterheben, dann Mehl und Backpulver darüber sieben. Die zerlassene Butter zugeben und alles zu einem glatten Teig verarbeiten.
Nougat vorher eine Weile in den Kühlschrank stellen, damit es eiskalt ist, dann in Würfel schneiden. Den Apfel ebenfalls in Würfel schneiden und mit dem Nougat unter den Teig heben. Den Teig auf Muffinförmchen verteilen und bei 175°C etwa 25 Minuten goldbraun backen.

Cantuccini

250 g Zucker
3 Eier
300 g Mehl
1 Tl Backpulver
Füllung nach Wunsch, zum Beispiel:
250 getrocknete Früchte, z.B. Papaya oder Ananas
Oder 100 g gehackte Nüsse
und 150 gehackte Schokolade
Oder 150 g ganze Mandeln und
100 g getrocknete Aprikosen in Würfeln

Zucker, zwei Eier und ein Eigelb schaumig schlagen und mit Mehl und Backpulver zu einem Teig verarbeiten. Die gewünschte Füllung dazu geben. Den Teig zu drei langen Würsten formen, auf ein Backblech legen und mit verquirlter Eiweiß einpinseln. Bei 200°C etwa 20 Minuten backen. Die fertigen Brote leicht abkülen lassen, dann schräg in Scheiben schneiden und wieder auf das Backblech legen. Den Ofen auf 125°C herunter schalten und die Cantuccini nochmals 30 Minuten rösten. Auf einem Rost abkühlen lasse und in einer luftdicht verschließbaren Dose aufbewahren.

Sind die selbst gebackenen Leckereien als Gastgeschenke für ein Fest gedacht, verpacken Sie sie in transparente Folie – so können Ihre Gäste sofort sehen, was es ist. Verschenken Sie Kuchen in einer schönen Form oder Muffins und Kekse in einer dekorativen Schale.

Ofen-getrocknete Tomaten in Olivenöl

500 g Kirschtomaten oder Cocktailtomaten
2 Tl Salz
1 El Zucker
Frischer Thymian oder Rosmarin
Olivenöl

Die Tomaten halbieren und mit der Schnittfläche nach oben in eine Ofenform legen. Mit Salz, Zucker und frischen Kräutern bestreuen und bei 100°C etwa zwei Stunden trocknen lassen. Abkühlen lassen, in ein Glas geben und mit Olivenöl aufgießen, bis die Tomaten bedeckt sind.
Schmeckt wunderbar auf Sandwiches, in Salaten oder zum Beispiel auf einer Vorspeisenplatte, zusammen mit Serranoschinken, Oliven, frischem Baguette und Schafskäse. Die Möglichkeiten sind endlos!

Eingelegte Oliven

300 g Oliven mit Steinen, gern gemischt
1 Rosmarinzweig
2 kleine Chilischoten
2–3 Knoblauchzehen
250 ml Olivenöl

Knoblauchzehen in dünne Scheiben schneiden und mit Chilischoten, Oliven und Rosmarin in ein Glas geben. Mit Olivenöl aufgießen, bis alles bedeckt ist und vor dem Servieren mindestens 24 Stunden darin marinieren.

Hundekekse

25 g Hefe
200 ml Wasser
1 El Öl
Ca. 300 g Mehl
200 g Leberwurst
2–3 Scheiben Roggenbrot, zerbröselt

Die Hefe in handwarmem Wasser anrühren und nach und nach Öl und Mehl zugeben. Den Teig gut verkneten und zugedeckt etwa eine Stunde gehen lassen.
Den Teig halbieren und je zu einem Rechteck von etwa DIN A4-Größe ausrollen. Mit der Leberwurst bestreichen und das Roggenbrot darüber bröseln.
Die Teigrechtecke fest aufrollen und in Scheiben schneiden. Die Teigschnecken auf ein Beckblech legen und nochmals 30 Minuten gehen lassen.
Bei 175°C etwa 20 Minuten backen, abkühlen lassen und in einer luftdicht verschließbaren Dose aufbewahren.

Rotes Thai-Curry

1 El Koriandersamen
1/2 Tl schwarze Pfefferkörner
1/2 Tl Kreuzkümmelsamen
1 kleines getrocknetes Kaffirblatt
3–4 rote Chilischoten ohne Samen
1 Tl Zitronengras, fein gehackt
1 Tl Ingwer, fein gehackt
1 El Korianderwurzel, fein gehackt
2 El Schalotten, fein gehackt
1 El Knoblauch, fein gehackt
1 Tl Shrimppaste (oder getrocknete Shrimps)

Zuerst die trockenen Gewürze im Mörser zerkleinern. Dann die übrigen Zutaten zugeben und alles zu einer feinen Paste verreiben. Die fertige Currymischung in ein Glas füllen und im Kühlschrank aufbewahren.

Backpflaumen in Rotwein und Vanille

6 Gewürznelken
6 Wacholderbeeren
12 schwarze Pfefferkörner
150 ml Rotwein
50 ml Balsamicoessig
50 ml Wasser
150 g Rohrzucker
1 Zimtstange
200 g Backpflaumen

Gewürznelken, Wacholderbeeren und Pfefferkörner auf ein Stück Gaze legen und mit Baumwollfaden zu einem Bündel verschnüren.
Rotwein, Balsamicoessig, Wasser und Zucker aufkochen, Zimt, Backpflaumen und Gewürze hinein geben und über Nacht stehen lassen.
Dann das Gewürzbeutelchen entfernen, die Mischung nochmals zum Kochen bringen und auf schwacher Hitze zu einem dünnen Sirup einkochen.
Auf Gläser füllen. Schmeckt ausgezeichnet zu Fleisch und kräftigem Käse.

Ananas-Chutney mit Chili und Ingwer

ca. 250 g Ananas aus der Dose, abgetropft
50 ml Zucker
50 ml Essig
1/2 Tl Chiliflocken (oder Sambal Oelek)
1 Tl Currypulver
1 El frisch geriebener Ingwer

Ananas, Zucker, Essig, Chili, Currypulver und Ingwer zusammen aufkochen und etwa 20 Minuten sprudelnd kochen lassen, bis die Flüssigkeit auf die Hälfte reduziert ist.
Mit Zucker und Chili abschmecken und auf Gläser füllen.
Sehr lecker zu Reisgerichten mit Fleisch oder Fisch.

Kräuteröle

500 ml gutes Olivenöl
1 Stängel frischer Rosmarin
2 frische Thymianzweige
1 Stück Schale von unbehandelter Zitrone
4–5 kleine rote Chilischoten (Thai Chili)

Besorgen Sie zwei kleine Flaschen mit je 250–300 ml Fassungsvermögen. Gewürze, Zitronenschale und Chilischoten blanchieren. Gewürze und Zitronenschale in eine Flasche, die Chilischoten in die andere Flasche tun und mit dem Olivenöl aufgießen.
Vor dem Verwenden mindestens eine Woche stehen lassen. Perfekt zu Grillgerichten und Pizza.

Kräutersalz kann man wunderbar selbst machen. Verwenden Sie dafür einmal Himalaya-Salz – das enthält viele wertvolle Mineralien und soll auch für Menschen mit hohem Blutdruck gut verträglich sein.

Mittelmeer-Salzmischung

2 Zweige frischer Oregano
1 Zweig frischer Rosmarin
1 Tl Pfefferkörner
100 g grobes Meersalz

Die Kräuter im Mixer zerkleinern, dann das Salz zugeben und solange weiter mixen, bis sich alles gründlich vermischt hat.

Orientalische Salzmischung

1 Tl Koriandersamen
1 Tl Kreuzkümmel
1 Chilischote
100 g grobes Meersalz

Die Kräuter im Mörser leicht zerkleinern, dann gut mit dem Salz mischen.

Die Salzmischung in einem Marmeladenglas aufbewahren und zum Kochen verwenden. Stellen Sie auch ein kleines Glasschälchen mit Salzmischung auf den Tisch, damit man nach Geschmack nachwürzen kann.

Rotweinessig mit Himbeeren und rotem Pfeffer

2 El rote Pfefferkörner
500 ml Rotweinessig
Eine Handvoll frischer Himbeeren

Füllen Sie Essig, Himbeeren und Pfefferkörner in eine hübsche Flasche und lassen Sie die Mischung vor dem Verwenden ein paar Wochen lang stehen. Perfekt im Salatdressing.

Petersilien-Pesto

1 Bund glatte Petersilie
1 Knoblauchzehe (nach Geschmack)
50 ml geröstete Pinienkerne
50 ml frisch geriebener Parmesan
ca. 100 ml Olivenöl
Salz und Pfeffer

Die Petersilie waschen und gründlich abtropfen lassen. Die Blätter von den Stängeln zupfen und mit Pinienkernen, Parmesan und der Hälfte des Olivenöls im Mixer zerkleinern.
Das restliche Olivenöl bei laufendem Mixer dazu geben, bis das Pesto die richtigen Konsistenz hat. Mit Salz und Pfeffer abschmecken und bis zu einer Woche im Kühlschrank aufbewahren.

Man sollte schon etwas Geld für gutes Olivenöl ausgeben. Doch wenn man es für Pesto oder Kräuteröle verwendet, darf es nicht zu kräftig sein. Olivenöle aus Norditalien sind leichter im Geschmack.

Eingelegte Brombeeren mit Rosmarin

150 ml Sirup von schwarzen Johannisbeeren
75 g Akazienhonig
1 Zweig frischer Rosmarin
300 g Brombeeren

Sirup und Akazienhonig mischen.
Den Rosmarinzweig blanchieren und mit den Brombeeren vorsichtig unter die Sirupmischung heben.
Vor dem Servieren mehrere Stunden ziehen lassen.
Schmeckt wunderbar zu Wild- und Rinderbraten, Käse oder Desserts.

Suchen Sie auf dem Flohmarkt nach schönen Einzellöffeln oder kaufen Sie einen Satz preiswerter Teelöffel.

Schoko-Löffel

Für 6 Löffel

100 ml Schlagsahne
1–2 Tl Instant-Espresso
150 g gehackte Schokolade, Kakaoanteil mindestens 55%

Sahne und Kaffeepulver unter Rühren aufkochen, den Topf vom Herd nehmen und die Schokolade darin auflösen. Die Mischung etwas abkühlen lassen, dann vorsichtig auf die Teelöffel verteilen und hart werden lassen. Mit einem Glas heißer Milch servieren.

Holunderblüten-Punsch

1 kleine unbehandelte Clementine
10 Gewürznelken
6 Kardamomkapseln
2 Zimtstangen
1 Stück getrockeneter Ingwer, etwa 5 cm
300–400 ml Holunderblütensirup

Die Clementine mit den Gewürznelken spicken, dann mit den restlichen Zutaten in eine Flasche geben. Mit dem Holunderblütensirup aufgießen und ein paar Tage lang in den Kühlschrank stellen.
Das Konzentrat abseihen und mit ein bis zwei Flaschen Weißwein verdünnen und mit Zucker abschmecken. Heiß servieren.

Ingwersaft

250 g frischer Ingwer
500 ml Wasser
150 g Zucker
75 ml Limettensaft

Den Ingwer schälen und in Scheiben schneiden. Wasser und Zucker aufkochen lassen und so lange weiter kochen, bis sich der Zucker aufgelöst hat. Ingwer und Limettensaft in eine Flasche geben, mit dem Sirup aufgießen und für mindestens 24 Stunden in den Kühlschrank stellen. Zum Servieren abseihen und nach Geschmack zerstoßenes Eis dazu geben. Der Saft schmeckt an einem heißen Sommertag auch fantastisch als Ingwer-Eistee

Minz-Sirup

800 ml Wasser
500 g Zucker
Schale einer unbehandelten Zitrone
1 großes Bund Minze

Wasser, Zucker und Zitronenschale aufkochen, die abgezupften Minzeblätter dazu geben und fünf Minuten weiter kochen. In eine Flasche füllen und vor dem Servieren abseihen.
Der Minz-Sirup schmeckt in Limonade, heißem oder eisgekühltem Tee oder als Aperitiv mit Vodka, Gin oder Rum und zerstoßenem Eis.

Weihnachts-schaps mit Orangen, Vanille und Kardamon

5 Kardamomkapseln
Mark von 1 Vanillestange
Schale von 1/2 unbehandelten Orange
100 ml Krümelzucker oder Kandis
1/2 Flasche Kümmelschnaps

Alle Zutaten in eine saubere Flasche füllen und eine Woche stehen lassen. Dann probieren und nach Geschmack die Kardamomkapseln herausnehmen. Der perfekte eisgekühlte Schnaps zum Weihnachtsessen – besonders zu kräftigem Käse

Himbeerlikör

Mark von 1 Vanillestange
400 g Zucker
400 ml Wasser
400 g Himbeeren
1 Flasche Vodka oder Kümmelschnaps

Zucker, Wasser und Vanillemark zu einem dünnen Sirup einkochen. Die Himbeeren mit dem Sirup übergießen, dann den Schnaps dazugeben und das Ganze mindestens eine Woche stehen lassen. Der Likör schmeckt wunderbar zu Eis und Desserts, als Aperitiv über zerstoßenem Eis oder als Cocktail mit Cava, Rosé oder Weißwein.

Zitronenlikör

300 ml Wasser
300 g Zucker
3 unbehandelte Zitronen
300 ml Vodka

Die Zitronen dünn schälen, die Schale in Streifen schneiden und die Zitronen pressen. Zitronenschale, Wasser und Zucker kochen, bis der Zucker sich aufgelöst hat. Die abgekühlte Zuckerlösung mit dem abgeseihten Zitronensaft und dem Vodka mischen und mindestens eine Woche stehen lassen. Dann abseihen und auf Flaschen füllen. Eiskalt oder als Aperitiv mit Cava servieren.
Der Likör schmeckt ganz besonders lecker und erfrischend über einer Kugel Zitronensorbet nach einem guten Essen.

Vodka mit Zitronengras und Limetten

1 Stängel Zitronengras
3 Kaffirblätter, frisch oder getrocknet
1 Flasche Vodka

Das Zitronengras der Länge nach in dünne Streifen schneiden, die unten jedoch noch zusammenhängen. Zitronengras und -blätter in eine Flasche geben und mit dem Vodka aufgießen. Vor dem Servieren mindestens einen Monat stehen lassen. Versuchen Sie es einmal als Cocktail mit Ananassaft, Kokosmilch und zerstoßenem Eis.

Paprika-Mandeln

200 ml Wasser
50 g Salz
200 g ganze Mandeln
1–2 Tl geräucherter Paprika

Wasser und Salz aufkochen, leicht abkühlen lassen, die Mandeln zugeben und 30 Minuten stehen lassen. Dann abgießen, auf einem Backblech verteilen und mit dem Paprika bestreuen. Die Mandeln bei 125°C im Ofen trocknen, bis sich eine rötlich-graue Salzkruste gebildet hat.

Karamellisierte Kürbiskerne

250 g Kürbiskerne
250 g Zucker
75 ml kaltes Wasser

Alle Zutaten unter ständigem Rühren kochen, bis sich eine dicke, graue Masse gebildet hat. Nun die Temperat herunterschalten, sodass der Zucker schmilzt und die Kürbiskerne zu glänz beginnen. Auf ein Stück gefettetes Backpapier geben und mit zwei Gabel verteilen, sodass die Kerne nicht anei ander festkleben. Nach dem Trockner in einer luftdicht verschließbaren Dos aufbewahren.

Zimt-Mandeln

25 g Butter
225 g Zucker
1 Tl gemahlener Zimt
150 g abgezogene Mandeln

Butter, Zucker und Zimt erhitzen, dann die Mandeln zugeben und rühren, bis sich eine karamellisierte Masse gebildet hat. Dann auf ein Stück gefettetes Backpapier geben, trocknen lassen und nach dem Trocknen in kleinere Stücke brechen. In einer luftdicht verschließbaren Dose aufbewahren.

Geröstete Erdnüsse

100 ml Wasser
200 g Zucker
1 Tl Essig
200 g ungesalzene Erdnüsse
1 El Butter

Wasser, Zucker, Essig und Erdnüsse zusammen erhitzen, bis alles Wasser verdampft ist. Die Butter zugeben und die Erdnüsse darin goldbraun rösten. Auf ein Stück gefettetes Backpapier geben und mit zwei Gabeln voneinander trennen. Nach dem Abkühlen in einer luftdicht verschließbaren Dose aufbewahren.

Rumpflaumen mit Marzipan

20 große, saftige Backpflaumen ohne Steine
50 ml Rum
150 g Marzipanmasse
200 g Zartbitterschokolade
Silberkügelchen zum Verzieren

Die Pflaumen über Nacht in dem Rum marinieren, dann abgießen und mit der Marzipanmasse füllen. Die Schokolade hacken und im Wasserbad schmelzen. Die Backpflaumen in die Schokolade tauchen und mit den Silberkügelchen bestreuen. Auf gefettetem Backpapier trocknen lassen und in einer luftdicht verschließbaren Dose aufbewahren.

Schoko-Mandeln

200 g Mandeln
150 g Zartbitter- oder Vollmilch-schokolade

Die Mandeln blanchieren, abziehen und im Ofen bei 175°C goldbraun rösten. Die Schokolade hacken und im Wasserbald schmelzen.
Die Mandeln je zweimal in die Schokolade tauchen, damit der Überzug schön dick wird. Nach dem Abkühlen in einer luftdicht verschließbaren Dose aufbewahren.

Schokoladen-Fudge

100 g Butter
150 ml Schlagsahne
250 g Zucker
150 ml Zuckersirup
125 g Zartbitterschokolade
100 g abgezogene Mandeln

Butter, Sahne, Zucker und Sirup aufkochen. Nach und nach die Schokolade zugeben und dabei ständig rühren, bis sich ein Teelöffel voll Masse zu einer Kugel formen lässt. Die Mandeln unterheben, dann die Masse in eine mit Backpapier ausgelegte Form gießen. Die Schicht soll etwa einen Zentimeter dick sein. Nach dem Abkühlen in Quadrate schneiden. Das geht am Besten, wenn Sie den Fudge vorher eine Weile in den Gefrierschrank stellen. Im Kühlschrank aufbewahren.

Nougat-schnitten

300 g Nougat
50 g Haselnusskerne
50 g Pistazienkerne

Nougat im Ofen bei 75°C vorsichtig schmelzen. Die Haselnüsse in einer Bratpfanne rösten und die Haut in einem Geschirrhandtuch abrubbeln. Pistazien und Haselnüsse unter das geschmolzene Nougat heben und in eine mit Backpapier ausgelegte Backform gießen und zum Aushärten in den Kühlschrank stellen. In Quadrate schneiden und im Kühlschrank aufbewahren.

Sahne-Trüffel

500 ml Schlagsahne
250 g Bitterschokolade, Kakaoanteil mindestens 70 %

Die Schokolade hacken. Die Sahne aufkochen, den Topf vom Herd nehmen und die Schokolade in der heißen Sahne auflösen. Nach Geschmack etwas Cognac, Cointreau, Whisky, Kahlua oder Rum zugeben. Die handwarme Trüffelmasse in eine Spritztülle füllen und in kleine Konfekthülsen spritzen. Bis zum Servieren im Kühlschrank aufbewahren.

Register